Impressum

Band 4 der Reihe „Schau, so geht das!"
Velber Verlag
© 2004 Family Media GmbH & Co. KG, Freiburg i. Br.
Alle Rechte vorbehalten

Illustrationen: Detlef Kersten
Coverfoto: Christoph Schmotz
Experimente-Fotos: Christoph Schmotz (9, 11, 13, 15, 17, 19, 21, 23,
25, 27, 29, 31, 33, 35, 37, 39, 41, 43, 45)
sonstige Fotos: ADAC (36); arco digital images (20); dpa (26, 32, 38);
Katja Foggin (34); NASA (8); Dietmar Nill (30); photodisc (10, 18); Michael
Rhode (24, 42); Christoph Schmotz (14); Reinhard Wilde (12, 16, 22, 28, 40, 44)

Text und Redaktion: Ulrike Berger
Layout: Anja Schmidt
Repro: Otterbach Medien GmbH & Co. KG, Rastatt
Druck und Bindung: Nørhaven Book A/S, Viborg

Die Hör-Werkstatt

Spannende Experimente mit Klängen und Geräuschen

Inhalt

Tischtennisball-Schwingung	8	Eine Becher-Gitarre	28
Sichtbare Schwingungen	10	Wo ist das Echo?	30
Der singende Schlauch	12	Das Lied im Eimer	32
Eine Wasser-Orgel	14	Seltsames Gelächter	34
Woher kommt der Schall?	16	Das heulende Lineal	36
Trötendes Bonbonpapier	18	Musik macht wild	38
Der laute Stamm	20	Ein musikalischer Trinkhalm	40
Eine Eimer-Gitarre	22	Der leise Wecker	42
Das Bechertelefon	24	Eine Brummflöte	44
Hörst du die Glocken?	26		

Die Wunder der Welt

Viele spannende Experimente zum Thema Hören, Musik und Töne warten in diesem Buch auf euch. Was ihr dafür braucht, gibt es in fast jedem Haushalt. Manche Experimente könnt ihr alleine durchführen, andere gehen leichter, wenn euch jemand hilft. Und bei manchen Experimenten ist es klasse, wenn ihr zu zweit seid.
Falls ein Experiment nicht sofort gelingt: Nicht den Mut verlieren! Einfach probieren, bis es klappt. Forscher brauchen Geduld. Doch es lohnt sich, denn bei jedem Experiment werdet ihr ein wenig mehr von den großen Wundern dieser Welt verstehen!

Tischtennisball-Schwingung

Du brauchst:
- viele Tischtennisbälle (mindestens 5)
- einen Stock
- mehrere ca. 50 cm lange Bindfäden
- Klebeband

Klebe die Fäden an die Tischtennisbälle. Befestige das andere Ende der Fäden so an dem Stock, dass alle Bälle auf gleicher Höhe nebeneinander hängen und sich berühren. Ziehe dann den ersten Ball weg und lass ihn gegen die anderen Bälle fallen.

Was passiert?
Die Kraft des Aufpralls wandert von einem Ball zum anderen. Erst der letzte Ball springt weg. Genauso wandert Schall von einem Luftteilchen zum anderen oder sogar durch eine Tür und wird so übertragen!

Lautloses Weltall

Im Weltraum, wo keine Luft ist, kann auch kein Schall übertragen werden – dort herrscht völlige Stille. Selbst Raketen-Explosionen sind dort nicht zu hören!

Sichtbare Schwingungen

Du brauchst:
- verschiedene Lineale oder Holzleisten

Halte ein Lineal mit einer Hand leicht auf dem Tisch fest. Dann schlägst du mit der anderen Hand auf das andere Ende des Lineals. Hörst du den Ton? Wie verändert er sich, wenn das Lineal länger oder kürzer ist?

Was passiert?
Du kannst deutlich sehen, wie die Lineale schwingen. Lange Lineale schwingen langsamer, ihr Ton ist tief. Kurze Lineale schwingen schneller, der Ton ist höher.

Was schwingt, klingt!

Hast du im Schwimmbad schon einmal bewusst hingehört, wenn jemand vom Sprungbrett springt? Wenn das Brett locker gestellt ist, klingt das Brett laut und dunkel – das Brett schwingt stark. Ist das Sprungbrett dagegen auf „hart" gestellt, schwingt es nur kurz – und ist kaum zu hören.

Der singende Schlauch

Du brauchst:
- einen Flexschlauch (Baumarkt)

Schwinge den Schlauch im Kreis herum, erst langsam, dann immer schneller. Wie viele verschiedene Töne kannst du erzeugen?

Was passiert?
Je schneller du schwingst, desto höhere Töne kannst du erzeugen. Das sind keine zufälligen Töne, sondern der Grundton und die so genannten Obertöne dieses Schlauchs. Egal, wer den Schlauch schwingt – es werden dabei immer die gleichen Töne herauskommen. Ein anderer Schlauch jedoch hat andere Töne!

Eine Saite – viele Töne

Auch Saiten erzeugen Obertöne. Wenn man zum Beispiel eine Gitarrensaite anschlägt und genau in der Mitte berührt (nicht hinunterdrücken!), ertönt ein höherer Ton – der erste Oberton!

Eine Wasser-Orgel

Du brauchst:
- mehrere dünnwandige Gläser mit Wasser, eines ohne Wasser

Schlage die Gläser an. Versuche auch, sie mit einem feuchten Finger zum Klingen zu bringen. Welches klingt höher, welches tiefer? Am besten klingen Weingläser (aber erst die Eltern fragen).

Was passiert?
Wenn du die Gläser anschlägst, schwingt vor allem das Glas. Das Wasser in den Gläsern bremst jedoch die Schwingung. Also ist hier bei vollen Gläsern der Ton tiefer!

Stimmen unter Wasser

Hast du schon einmal versucht, unter Wasser zu reden? Deine Stimme klingt plötzlich ganz tief. Denn das Wasser macht die Schallwellen langsamer. Daher wird deine Stimme ganz dunkel.

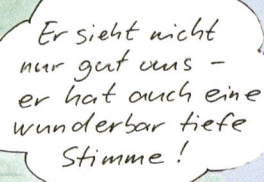

Er sieht nicht nur gut aus – er hat auch eine wunderbar tiefe Stimme!

Woher kommt der Schall?

Du brauchst:
- einen Flexschlauch (Baumarkt)
- einen Stift

Halte dir den Schlauch an beide Ohren. Dein Freund tritt dahinter und klopft leicht mit dem Stift irgendwo auf den Schlauch. Kannst du hören, wo geklopft wurde?

Was passiert?
Das Klopfgeräusch wandert durch den Schlauch in die Ohren. Ein Weg ist jedoch länger als der andere. Diesen Zeitunterschied kannst du feststellen. Es ist ganz einfach zu erkennen, woher das Klopfen kam!

Warum haben wir zwei Ohren?

Unser Gehirn kann Höchstleistungen vollbringen. Wenn ein Ton von beiden Ohren gemeldet wird, erkennt das Gehirn sogar einen Zeitunterschied zwischen beiden Ohren von weniger als 0,2 Millisekunden! Daraus kann unser Gehirn genau errechnen, woher der Ton kommt. Mit zwei Ohren können wir Richtungen hören!

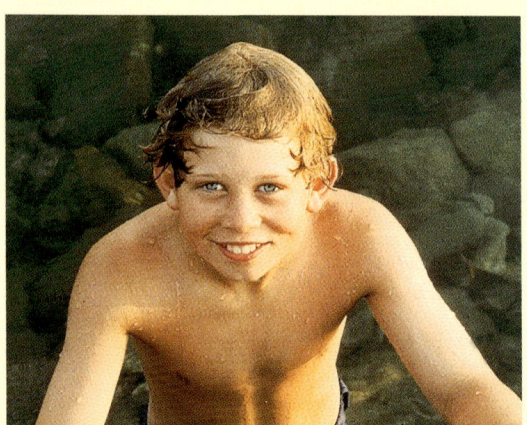

Trötendes Bonbonpapier

Du brauchst:
- Bonbonpapier

Halte das Papier mit den Fingern genau zwischen die Lippen. Blase mit gespitzten Lippen an das Papier. Halte das Papier dabei mal fester, mal lockerer.

Was passiert?
Das Papier beginnt zu schwingen und erzeugt einen Ton. Je stärker das Papier gespannt ist, desto höher ist der Ton.

Unsere Stimmbänder

Der Mensch besitzt ein System, um Töne zu erzeugen – die Stimmbänder. Das sind Hautfalten hinten im Rachen, die wir mit unserem Atem in Schwingungen versetzen. Durch Muskeln werden die Stimmbänder angespannt oder gelockert. So können wir den Ton ändern.

Der laute Stamm

Du brauchst:
- einen abgesägten Baumstamm (zum Beispiel im Wald)

Lege dein Ohr an ein Ende des Baumstamms. Lass jemand am anderen Ende kratzen oder klopfen.

Was passiert?
Der Schall wird durch das Holz übertragen. Das Geräusch ist sehr gut am anderen Ende zu hören!

Eine laute Warnung

Ein Eichhörnchen, das oben in einem Baum sitzt, hört ganz genau, wenn ein Marder den Stamm hinaufklettert. Das Geräusch der Krallen auf dem Stamm ist gut zu hören und das Eichhörnchen kann fliehen!

Eine Eimer-Gitarre

Du brauchst:
- ein Brett
- einen Nagel
- einen Eimer mit Steinen
- zwei Bleistifte
- dünne Nylonschnur

Befestige die Nylonschnur mit dem Nagel an einem Ende des Bretts. Klebe einen Stift an das andere Ende des Bretts. Dann hängst du den Eimer an die Nylonschnur. Schiebe den zweiten Stift unter die Schnur in die Nähe des Nagels. Wie verändert sich der Ton, wenn du den Stift verschiebst und dabei an der Schnur zupfst?

Was passiert?
Wenn der Stift nahe am Nagel ist, klingt der Ton tief. Je weiter weg der Stift ist, desto höher wird der Ton. Denn dann hat die Saite wenig Platz zum Schwingen.

Töne einer Geige

Um verschiedene Töne auf einem Saiteninstrument zu erzeugen, werden die Saiten „abgedrückt". Das heißt, man verkürzt die Saite, um hohe Töne zu erhalten.

Das Bechertelefon

Du brauchst:
- zwei leere Jogurtbecher
- eine Stopfnadel
- eine lange Schnur

Stecht mit der Stopfnadel in jeden Becher ein Loch und zieht eine Schnur hindurch. Verknotet die Schnur an den Enden. Jetzt haltet die Schnur stramm und sprecht in die Becher.

Was passiert?
Der Schall versetzt den Boden des Bechers in Schwingung. Diese Schwingungen wandern über die ganze Schnur zum anderen Ende des Bechert!
Und was passiert, wenn jemand die Schnur berührt?

Wie funktioniert ein Telefon?

Im Telefonhörer werden die Schallschwingungen des Mikrofons in elektrische Wellen umgewandelt. Dieser Strom fließt durch Telefonleitungen und wird am anderen Ende im Hörer wieder in Schallwellen umgewandelt.

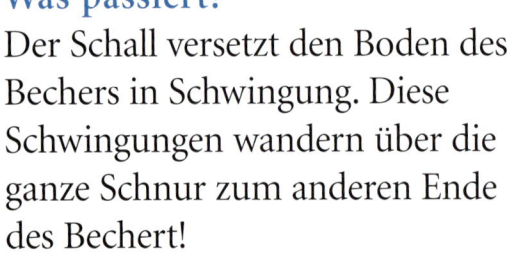

Entweder ihr macht den Knoten raus, oder ihr nehmt das Handy.

Hörst du die Glocken?

Du brauchst:
- Gabeln, Messer oder Löffel
- Bindfaden

Hänge das Besteck an einen langen Bindfaden. Wickle die Enden des Bindfadens um deine Zeigefinger und stecke die Finger in die Ohren. Nun schüttle leicht deinen Kopf.

Was passiert?
Das Besteck stößt zusammen und gerät dabei in Schwingung. Diese Schwingungen wandern durch den Bindfaden zu deinen Ohren.

Das hört sich gut an...

Stimmgabeln

Weißt du, was eine Stimmgabel ist? Wenn man eine Stimmgabel anschlägt, schwingt sie in einem festen Ton. Besonders gut hört man diesen Ton, wenn man sich die Gabel hinter einem Ohr an den Kopf hält! Der Ton wandert dann durch den Knochen direkt in das Innenohr.

Eine Becher-Gitarre

Du brauchst:
- eine Eisschachtel mit Deckel
- verschieden dicke Gummiringe
- zwei Buntstifte

Streife die Gummiringe über das Unterteil der Schachtel (ohne Deckel) und zupfe daran. Dann schneidest du ein Loch in den Deckel und verschließt die Dose. Jetzt zupfe wieder an den Gummis.

Was passiert?
Im ersten Fall vibrieren die Gummis. Je dicker sie sind, desto tiefer wird der Ton. Wenn du den Deckel aufsetzt, wird der Ton viel reiner und stärker. Der Hohlkörper wirkt als so genannter „Resonanzkörper" und verstärkt die Töne! Am besten klingt das Ganze, wenn du an den Seiten Buntstifte unterschiebst.

Warum klingt das Cello tief?

Auch Cello, Kontrabass und andere Saiteninstrumente sind als Resonanzkörper gebaut. Je größer dieser Körper ist, desto tiefer und voller wird der Ton.

Opi – lass mich mal deinen Resonanz= körper prüfen!

Wo ist das Echo?

Du brauchst:
- zwei Pappröhren (z. B. von Küchenrollen)

Stelle dich mit der Röhre am Mund so hin, dass du schräg an die Wand sprechen kannst. Lass einen Freund mit einer Pappröhre am Ohr suchen, wo er deinen Ton auffangen kann. Am besten geht das, wenn ihr beide in einem Winkel von 90° steht.

Was passiert?
Deine Geräusche prallen an der Wand ab. Wie bei einem Spiegel werden sie von dort wieder zurückgeworfen. Mit der anderen Röhre kann dein Freund diese gespiegelten Töne auffangen!

Nicht lachen – er experimentiert!

Mit den Ohren sehen

Fledermäuse sehen nachts mit ihren Ohren. Sie senden Klicklaute aus und warten auf das zurückkehrende Echo. So können sie winzige Insekten im Flug erkennen! Echo-Ortung nennt man das.

Das Lied im Eimer

Du brauchst:
- ein Mikrofon
- einen Kassettenrekorder
- einen Eimer

Sing ein Lied in das Mikrofon und nimm es auf Kassette auf. Setze anschließend den Eimer auf den Kopf und singe das gleiche Lied noch einmal. Nun höre die Kassette ab.

Was passiert?
Die Tonwellen aus deiner Stimme haben den Eimer und die Luft darin angeregt, mitzuschwingen. Sie verstärken deine Stimme sogar! Das „Eimerlied" ist daher viel voller und schöner im Klang!

Der Sound im Tonstudio

Das Gleiche passiert auch im Tonstudio. Die Räume, in denen Musik aufgenommen wird, sind genau aus diesem Grund klein: Die Musik klingt deutlich besser!
Übrigens:
Auch in der Duschkabine klingt ein Lied deswegen viel schöner …

Seltsames Gelächter

Du brauchst:
- einen Jogurtbecher
- eine Stopfnadel
- Schnur
- Wasser

Stich ein Loch in den Boden des Bechers und befestige eine lange Schnur daran. Dann machst du die Schnur nass. Halte den Becher in der einen Hand und lasse die Schnur ruckartig durch deine Finger gleiten.

Was passiert?
Dein Finger „stottert" über die Schnur. So kommt die Schnur in Schwingung und überträgt diese Schwingung auf den Becher. Man spürt die Schwingung richtig – irgendwie „rastet" der Finger immer wieder ein bisschen ein. Und es ertönt ein dumpfes Gelächter.

Warum quietschen Türen?

Kennst du dieses unangenehme Geräusch, wenn Türangeln quietschen? Das passiert, wenn sie nicht geölt sind. Dann stottert der Türstift in der Angel. Dadurch wird die Türangel in Schwingung versetzt und quietscht!

Das heulende Lineal

Du brauchst:
- ein langes Holzlineal
- Paketschnur

Binde das Holzlineal an eine lange Paketschnur und verdrehe die Schnur häufig. Nun schwingst du das Lineal an der verdrehten Schnur um den Kopf. Achte darauf, dass du viel Platz hast!

Was passiert?
Das Lineal dreht sich so stark, dass es die Luft zum Schiwngen bringt. Auf einmal beginnt das Lineal, sonderbare Töne von sich zu geben: von angenehmem Summen bis zu lauten Sturmgeräuschen!

Der Hubschrauber-Krach

Hubschrauber knattern aus dem gleichen Grund. Wenn die Rotorblätter durch die Luft schlagen, erzeugen sie ganz ähnliche Geräusche!

Musik macht wild

Du brauchst:
- eine Dose mit Deckel
- einen Schlauch
- grobes Salz, Hirse oder Reiskörner

Schneide unten in eine Dose ein Loch und schiebe den Schlauch hinein. Streue einige Körner auf den Deckel. Dann summst du eine Tonleiter in den Schlauch. Beobachte dabei die Körner.

Was passiert?
Bei einem ganz bestimmten Ton beginnen die Körner wie wild zu tanzen. Dieser Ton ist der ganz eigene Ton der Dose, ihre „Eigenresonanz"!

... und wenn alle Menschen zur gleichen Zeit hochhüpfen, würde die Erde dann kaputt gehen?

Gleichschritt verboten?

Wenn Soldaten im Gleichschritt über eine Brücke laufen, bringen sie dabei die Brücke zum Schwingen. Vielleicht lässt sich so sogar eine Brücke zum Einsturz bringen – bewiesen hat das aber noch niemand! Zur Sicherheit ist es Soldaten verboten, im Gleichschritt über Brücken zu laufen.

Ein musikalischer Trinkhalm

Du brauchst:
- einen gekürzten Trinkhalm
- einen festen Karton, zu einer Trompete gerollt

Schneide ein spitzes „V" in das eine Ende des Trinkhalms. Drücke dieses Ende etwas zusammen. Jetzt blase in dieses Mundstück. Klemme das Röhrchen dabei mit der Zunge gegen den Gaumen. Probiere verschiedene Stellungen im Mund aus, bis es gut funktioniert!
Dann schiebst du das Mundstück in die Papiertrompete. Nun blase hinein!

Was passiert?
Wenn du durch die spitzen Enden bläst, beginnen sie zu vibrieren. Das kannst du deutlich spüren! Der vibrierende Strohhalm lässt auch die Luft in der Tüte vibrieren und erzeugt so einen lauten Ton.

Wie funktioniert eine Oboe?

Auch das Mundstück einer Oboe besteht aus zwei kleinen vibrierenden Blättchen. Die Musiker müssen mit viel Druck hineinblasen. Und der Instrumentenkörper verstärkt den Ton.

Der leise Wecker

Du brauchst:
- zwei verschließbare Kisten
- einen lauten Kurzzeitwecker
- alte Zeitungen oder Füllmaterial

Stecke die beiden Kisten ineinander. Setze den Wecker in die kleine Kiste und stelle ihn auf „2 Minuten". Nun schließt du alle Deckel und wartest ab. Wie laut ist der Alarm? Dann füllst du den Raum zwischen den Kisten mit zerknüllter Zeitung – wie hört es sich jetzt an?

Was passiert?
Die Schallwellen des Weckers können kaum aus der Kiste entkommen. Denn die meisten von ihnen werden vom Karton und vom Füllmaterial „gefangen". Nur wenige Schallwellen schaffen den Weg nach draußen – der Wecker hört sich ganz leise an.

Schnee als Schalldämmung

Ist dir auch schon aufgefallen, wie leise es ist, wenn es schneit oder wenn der Boden dicht mit Schnee bedeckt ist? In Schneeflocken sind viele Luftlöcher, in denen der Schall gefangen wird. Schneeflocken wirken daher wie Schalldämpfer!

Du musst schon etwas lauter sprechen!

Eine Brummflöte

Du brauchst:
- Schreibpapier, ca. 20 x 20 cm

Schneide von dem Papier, wie auf der Zeichnung zu sehen ist, eine Ecke ab und an der anderen Seite zwei kleine Einschnitte hinein. Rolle das Papier zu einer bleistiftstarken Röhre zusammen. Dann drückst du das Dreieck leicht zur Röhre. Hole nun tief Luft durch das Röhrchen.

Was passiert?
Durch die Luft wird die Papierecke angesaugt. Sie federt aber etwas und beginnt daher zu vibrieren. Das erzeugt einen tiefen Brummton.

Wie funktioniert eigentlich ein Saxofon?

Schau dir einmal das Mundstück eines Saxofons an. Auch hier gibt es ein kleines Blättchen. Die Kunst des Saxofon-Spielers besteht darin, dieses Blättchen zum Vibrieren zu bekommen. Der Ton wird durch das große Instrument verstärkt.

Probier mal den Brummkamm aus. Ist viel einfacher als'n Saxophon!